Slowenien
mit dem Motorrad

Endlich wieder unter-
wegs!

Marbie Stoner

Buchbeschreibung:

2021 - Reisen ist wieder möglich, dank Impfpass, trotz steigender Inzidenzen im Herbst. Wie in 2020, nur interessiert eher nicht mehr. Slowenien nutzten wir stets als Durchreiseland von unseren Balkan Touren Albanien, Bulgarien, Montenegro, Serbien und Kroatien. Dieses Mal gönnen wir uns dieses kleine Land als Schmankerl. Es lohnt sich!

Über die Autorin:

Marbie Stoner ist Jahrgang 1958, Mutter von zwei Töchtern, arbeitet in leitender Stellung im Gesundheitswesen und schreibt unter Pseudonym. Sie lebt im Main-Kinzig-Kreis in Hessen. Als leidenschaftliche Motorradfahrerin veröffentlichte sie bisher zehn Bücher mit Motorradreiseberichten aus Ost-Europa; Zentralasien und Marokko. Ihre Freizeit verbringt sie im Sommer auf dem Motorrad und im Winter vor der Staffelei. Mit der Erzählung „Die Assistentin des Sisyphus" veröffentlichte sie 2017 ihren ersten Roman der Gegenwartsliteratur über ethische Entscheidungen am Lebensende.

Inhaltsverzeichnis

Slowenien mit dem Motorrad

Marbie Stoner 2021

Ich halte nichts vom Gendern. Es stört den Textfluss und liest sich kompliziert. Ich bitte um Verständnis. Es sind natürlich immer Männer und Frauen gemeint.

Was wir
nicht lebten,
werden wir ewig
vermissen!

1. Impressum

Marbie Stoner
Rathausstr. 8
63594 Hasselroth

Bildmaterialien im Buch:

Marbie Stoner & George Schmittlein

Titelbild: George Schmittlein

Tracks: George Schmittlein, unter Nutzung von
https://www.openstreetmap.org
TWENTYSIX
Eine Marke der Books on Demand GmbH
© 2022 Marbie Stoner
Herstellung und Verlag: BoD – Books on Demand,
Norderstedt, **ISBN**: 978 3740 7872 02

Bibliografische Informationen der Deutschen Nationalbibliothek:
Die Deutsche Nationalbibliothek verzeichnet diese
Publikation in der Deutschen Nationalbibliografie,
detaillierte bibliografische Daten sind im Internet
über dnb.de abrufbar.

2. Allgemeine Informationen zu Slowenien

Mit nur zwei Millionen Einwohnern ist es Österreichs zweitkleinster Nachbarstaat: Slowenien. Eingekeilt zwischen Italien und Kroatien trifft hier die mitteleuropäische auf die mediterrane Kultur. In Slowenien gelten ähnliche Verkehrsregeln wie in Österreich. Wie bei uns gilt die Helmpflicht, tagsüber muss mit Abblendlicht gefahren und Verbandszeug mitgeführt werden. Die Alkoholgrenze liegt bei 0,5 Promille. Etwas tückisch sind die Regelungen rund um die Warnweste. Es gilt keine Mitführpflicht, aber eine Tragepflicht für alle Personen bei Pannen außerhalb des Ortsgebietes. Das Mitführen von Westen ist zu empfehlen. Wir hatten keine dabei, die Letzte hatte ich samt Honda verkauft. Nur das Verbandszeug hatte ich unter den Sozius verbracht. Vorsichtshalber nicht auf das Verfallsdatum geschaut. Ich habe nie eine Verbandstasche gebraucht. Die Ausstattung ist ohnehin so dürftig, dass nur eine rudimentäre Erste Hilfeleistung mit Heftpflaster und Mullbinden möglich ist. Ansonsten ist zu beachten, dass außerhalb des Ortsgebiets eine Geschwindigkeitsbegrenzung von 90 km/h, statt der bei uns üblichen 100 km/h, gilt.

Die Kommunikation in Englisch funktioniert gut, unter anderem weil das slowenische Fernsehen nicht synchronisiert ist und die Slowenen dadurch von Kindheit an die englische Sprache hören. Im Norden sprechen viele Einheimische, vor allem in den touristischen Gebieten, Deutsch.

Motorräder:
George: Husqvarna Zupin Nuda 900 RR,
Marbie: Triumph Tiger 800 XR
Gefahrene Kilometer: moderate 2.590

Währung: Euro
Spritpreise: 1,26 € im September 2021

Corona-Hygieneregeln: wie in Deutschland die GGG, geimpft, genesen, getestet, oder gesund oder so.

Kartenmaterial: https://de.wikipedia.org/wiki/Datei:Slovenia_location_map.svg

Reise Know-How: Slovenia, 1:185 000, 2018.
Reiseführer: Slowenien, Turistika Verlagshaus Golnik, 2015 (eher nicht zu empfehlen, weil knapp gehalten)

3. Dienstag, 07.09.2021, nach Bayern, Traunwalchen

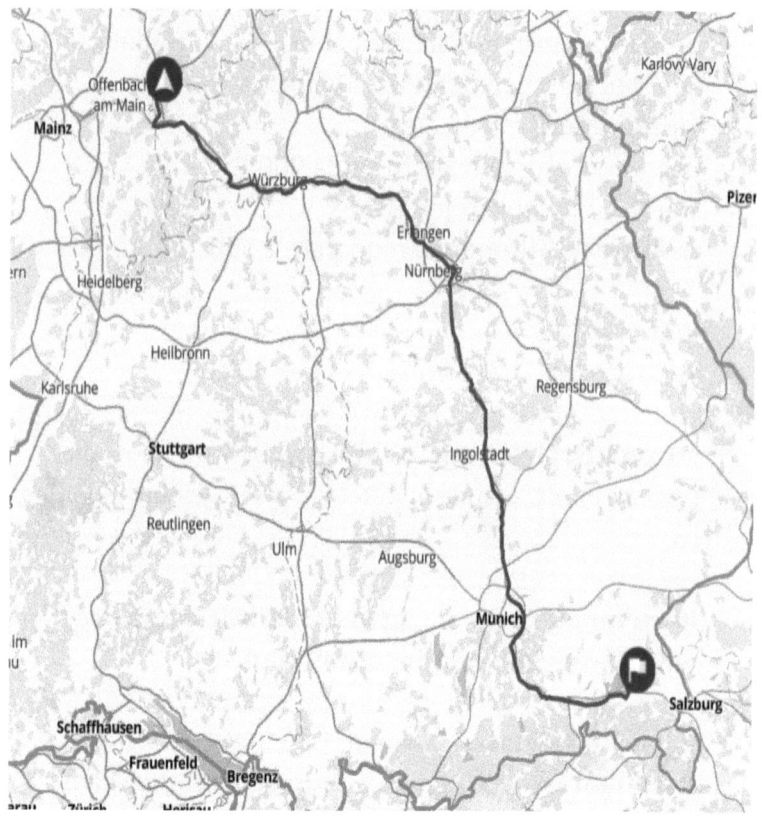

Endlich kann es trotz Corona wieder losgehen: ab in Richtung Slowenien.

Dieses Land haben wir von unseren Balkan Touren Albanien, Montenegro, Bulgarien und Kroatien nur als Durchreiseland zum Ziel oder nach Hause genutzt.

Jedes Mal dachten George und ich, hier fahren wir mal hin und werden es in Ruhe anschauen. Dann kam Corona in 2020 und das Reisen beschränkte sich auf Deutschland, je nach Inzidenzen gab es sogar für die Bundesländer Restriktionen. Nun, mit Impfpass und trotz der steigenden Infektionszahlen ist Reisen wieder erlaubt.

Ich denke, wir wären dennoch auf Risiko losgefahren. Man darf die Völker nicht auf Dauer einsperren und das Virus wird uns erhalten bleiben.

Morgens um 10:00 Uhr brechen wir auf und sehen 500 langweiligen Autobahnkilometern entgegen. Um 17:00 Uhr kommen wir in Traunwalchen an und beziehen ein Zimmer in einer Monteurwohnanlage «Zur Auszeit», Schulstraße 1. Zu essen gibt es nur die Brote, die wir mitgebracht haben. Restaurants sind wegen Geschäftsaufgabe geschlossen.

Im Zimmer: Es klopft und die Tür öffnet sich sofort. Ein anderer Gast (Monteur) fragt höflich, ob er das Ladekabel holen kann, das habe er hier letzte Woche vergessen. Und marschiert schnurstracks zum Sideboard und greift sich meines. Häh?

«Sorry, das ist meins», sage ich entschieden, bitte ihn hinaus und schließe die Tür ab. Also Sachen gibt›s!

Am nächsten Morgen genießen wir ein reichhaltiges Frühstücksbuffet im Nachbarhaus. Die Tische stehen in ausreichendem Abstand voneinander, die Unterhaltungen sind auf Gemurmel beschränkt. Auf irgendeine Weise ist die Stimmung anders als gewohnt.

Die Pension kann ich dennoch empfehlen.

4. Mittwoch, 08.09.2021, Österreich

Wir fahren über den immer wieder beeindrucken-
den Großglockner nach Hermagor.

Großglocknerhochalpenstraße

Dort übernachten wir in einem Panoramahotel hoch am Berg. Der Weg dorthin ist auf den letzten Metern etwas irritierend, eine Single Road, die nicht enden will und wenn, weiß man nicht, wo.

Doch das Navi hat recht, wie meistens. Tatsächlich ist am Straßenende das Hotel Hauserhof, Kreuth ob Mötschach 1, geführt von der Familie Wassertheurer.

Das Zimmer hat einen Balkon, der Wirt möchte nur einen Impfausweis sehen und so sitzen wir zufrieden hinter den blau-weißen Petunien und starren in die Bergwelt. Die Aussicht ist klasse.

Blick vom Balkon Panoramahotel Hermagor

Wirklich empfehlenswert! Für 95 Euro das Doppelzimmer noch erschwinglich. Und ich trinke mein vorläufig letztes Weißbier.

Bei Motorradfahrern ist es bekannt, wir bleiben nicht die Einzigen.

Ganze Gruppen reisen bis zum Abend an. Einige nutzen das Hotel als Startpunkt für Wanderungen, wie wir erfahren. Die Küche liefert typisch österreichische Kost, Speckknödel, Rinderbraten und Krautsalat, klasse!

An diesem Ort könnte ich gleich verweilen. Aber unser Ziel ist ja Slowenien.

5. Donnerstag, 09.09.2021, nach Postojna

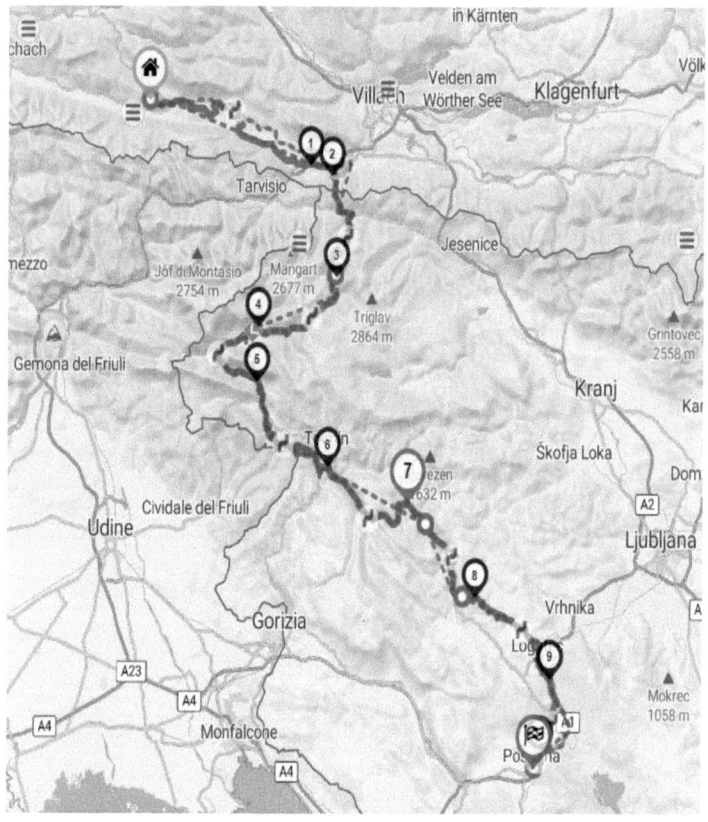

In Postojna gibt es die berühmte riesige Tropfstein-höhle von 24 Kilometer Länge. Die Höhle und die Burg sind die Attraktionen des Ortes und bringen den Tourismus her.

Die Strecke dorthin führt uns zunächst über den Wurzen- und im Anschluss den Vršičpass.

Zu Deutsch: Werschitz- oder Werschetzpass. Er ist mit 1611 Metern der höchste Pass in Slowenien.

Angelegt als Militärstraße für Ungarn und Öster-reich, die zwecks Nachschubsicherung von russi-schen Kriegsgefangenen 1916 gebaut wurde.

In meinem Reisebericht von 2015 «Vom Friaul zum Großglockner» beschreibe ich die Tour auf Militär-straßen und Schotter, organisiert vom Enduropark Hechingen. Auf Straßen, die zum Zwecke der schnellen Bewegung von Truppen und Material erbaut wurden. Ist euch schon mal der Gedanke gekommen, wie viel Leid, Hunger, Kälte und Tote diese Straßen gekostet haben?

Der Vršičpass beginnt im Triglav-Nationalpark. Ihn zeichnen die Kopfsteinpflasterkurven auf der Nord-seite aus. Bei trockenem Wetter kein Problem, nur ein unsägliches Gehoppel. Bei Regen möchte ich mir das nicht vorstellen. Aber deutlich abträglicher sind die Horden von Harley Fahrern.

Es soll in der Nähe ein Treffen geben, was wegen Corona offiziell abgesagt wurde, aber inoffiziell fahren alle in den karierten Hemden dorthin. Die Pässe sind derart voll, dass ich nach 20 Minuten schon die Lust verliere. Das haben wir auch schon anders, nämlich ruhiger und schöner erlebt.

Vršičpass

Außer Dutzenden von Motorrädern tummeln sich Wohnmobilfahrer (laut George: der natürliche Feind des Motorradfahrers), Schafe, Radfahrer und unzählige Pkws in und auf der Straße und auf die eine oder andere Weise denkt scheinbar jeder, *ich* zuerst.

Manch Pkw bleibt in den Spitzkehren fast stehen, eine runde Linie zu fahren ist unmöglich. George ist wie immer brutal in seinen Überholmanövern. Bei Gegenverkehr und nur kurzen geraden Stücken traue ich mich im Übrigen sogar nach 20 Jahren Motorraderfahrung nicht zu überholen.
Ich hänge da hinter wie das 5. Rad am Wagen und finde in dem Getümmel auf dem Pass George nicht wieder. Egal. Nichts wie runter und weg hier.
Schweißnass halte ich im Tal an einem Fluss und habe auch meinen George zurück.
Daraufhin geht es in normalem Straßentempo 200 Kilometer weiter. Die Strecke nach Postojna auf kleinen Straßen ist traumhaft. Fließendes Schwingen durch die Kurven, wenig Verkehr und warmes Wetter.

In 2016 kamen wir aus Albanien zurück und landeten in Postojna im Center Sporthotel, Kolodvorska cesta 1 - www.hotel-center.eu. Jetzt sind wir erneut hier, was aber dem Zufall zu verdanken ist.

Moderate Zimmerpreise, Übernachtung im Doppelzimmer 38 Euro incl. reichhaltigem Frühstück. Inzwischen wurde der damalige Renovierungsstau ebenfalls behoben. Das Centerhotel hat eine Garage, in die wir gleich reinfahren und von dort zur Rezeption gelangen. Wir haben für zwei Tage gebucht mit Option auf Verlängerung. Bezahlt wird im Voraus mit Kreditkarte. Das Hotel ist auf jeden Fall zu empfehlen.

Der Mitarbeiter an der Rezeption gibt Tipps für die umliegenden Restaurants, die nicht so empfehlenswerten und natürlich die guten.

Wir halten uns an die Empfehlung, allerdings hat George seinen Impfausweis vergessen und keine andere Wahl, als noch mal zurückgehen. Ich bestelle schon mal zwei Bier. Das Essen ist ausgezeichnet, die Preise haben sich unseren fast angeglichen, aber völlig okay.

6. Freitag, 10.09.2021, in Postojna

Wir haben uns heute um 11:00 Uhr mit Silke und André verabredet. Zufällig kam heraus, dass sie den dieses Jahr um die gleiche Zeit auch das Reiseziel Slowenien haben und so entstand die Idee, die Höhle gemeinsam zu besuchen.

Die beiden übernachten in Ljubljana, und kommen von dort mit der MT 09 und der Triumph Thruxton angefahren.

Wir laufen die zwei Kilometer vom Hotel zur Höhle zu Fuß. Die Sonne scheint, es ist angenehm warm.

Für die Höhlenbesichtigung habe ich mir einen dickeren Pulli und eine Jacke eingepackt. In der Höhle herrschen dauerhaft 8 – 10 Grad Celsius. George, dem die Kälte selten etwas ausmacht, ist nur mit T-Shirt ausgestattet. Silke und André laufen in ihren Motorradlederklamotten.

Vor der Höhle wimmelt es von Touristen, ich stelle mich für die Tickets an der Kasse an. Klappt aber überraschend schnell.

Dann steigen wir in den Höhlenzug ein, der von einer E-Lok gezogen wird. Auf uns warten 5 km Galerien, Gänge und prächtige Säle. Die Höhle wurde im Jahre 1818 von dem Einheimischen Luka Cec entdeckt, da waren gerade mal 100 Meter bekannt.

Die Skulpturen der Höhle sind phänomenal. Der erschlossene und ganzjährig für den Tourismus geöffnete Teil umfasst 5 Kilometer, wovon die Besucher 3,5 km mit einem Zug zurücklegen. (Quelle: Wikipedia)

In der Höhle

Es ist schier unglaublich, was die Natur so erschaffen kann. Natürlich nur, wenn Zeit keine Rolle spielt. Stalaktiten oder -miten brauchen mehrere tausend Jahre für ein 50 Zentimeter hohes Wachstum. Tropfsteingebilde entstehen, wenn Kalziumkarbonat aus kalkreichem Wasser abgesetzt wird. Kohlensäure zersetzt den Kalk.

Auf jeden Fall lohnt sich der Besuch der Höhle und der Ausstellungen vor dem Eingang. Wir waren beeindruckt.

Es gab nur ein lohnenswertes Foto, welches nicht zu dunkel geriet, deshalb sind an dieser Stelle leider nicht mehr Bilder möglich. Am besten, ihr schaut es euch selbst an.

7. Samstag, 11.09.2021, in Postojna

Ursprünglich hatten wir geplant, Silke und André für eine Stadtbesichtigungstour in Ljubljana zu besuchen.

Aussicht auf Postojna

Wegen der warmen Temperaturen können wir uns jedoch nicht für die heiße Stadt entscheiden.
So planen wir um und steigen zu dem Besichtigungspunkt über Postojna einen steilen gerölligen Berg hinauf.

Die Aussicht ist zwar genial, aber hat mir die letzte Puste geraubt und meine arthrotischen Füße schmerzen. Leider bin ich nicht mehr so mühelos zu Fuß, Bergwanderungen sind seit Jahren nicht mehr möglich.

Bei der gestrigen Höhlenbesichtigung hatten wir das Museum der Höhlentiere ausgelassen. Das holen wir heute nach. Sehenswert ist das Vivarium von Postojna, eine Ausstellung, in der die Lebewesen der Höhle vorgestellt werden und in deren Mittelpunkt der Grottenolm steht.

Bei kühlen 10 Grad Temperaturen in der Höhle bewundern wir Insekten, die sich an die dunklen Bedingungen optimal angepasst haben. Sie brauchen alle keine Augen. Die Grotte bietet mehr als 150 Tierarten Schutz, der Berühmteste ist der Grottenolm, ein possierliches, leichenblasses wurmartiges Tier von enormer Hässlichkeit. Hübsch sind weder die Larven noch die Eltern. Vermutlich, weil Schönheit im Dunkeln ohnehin keine Rolle spielt.

Eine wissenschaftliche Sensation war die Beobachtung der Fortpflanzung und der Geburt von kleinen «Ölmchen». Also das Legen von Eiern, die circa 4 mm groß sind. Kann man sich per Videoaufnahmen anschauen.

Der Grottenolm verlässt sein Larvenstadium übrigens nie. Selbst im zarten Alter von 82 Jahren können die Weibchen noch Mutter werden. Er ist das Einzige in Europa lebende Höhlenwirbeltier und das größte heute existierende Höhlentier der Welt.

Die Olme können tatsächlich 100 Lebensjahre erreichen und 12 Jahre! ohne Nahrung auskommen.

Im Souvenirshop kann man übrigens die Olme als Steiftiere in allen Größen erstehen.

8. Sonntag, 12.09.2021, nach Piran ans Meer.

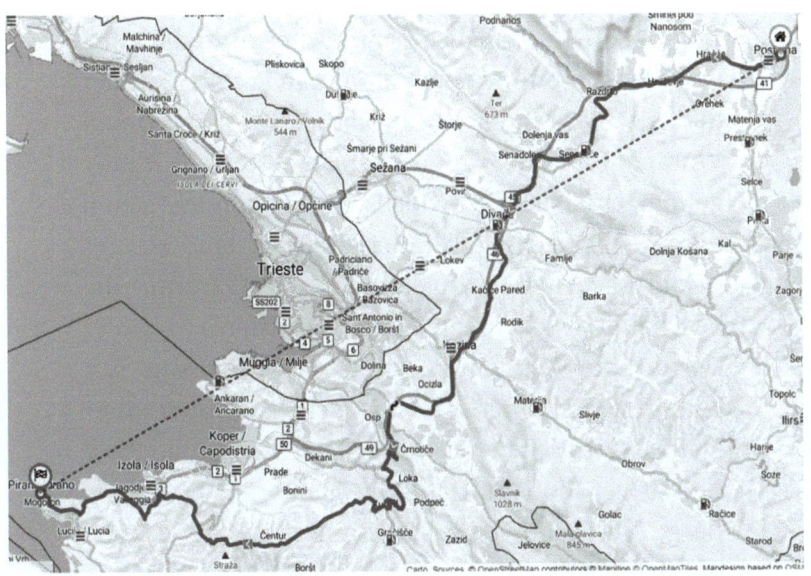

Es sind nur 120 Kilometer, die wir heute fahren werden. Slowenien ist ja ein kleines Land von 20.273 Quadratkilometer und hat gerade mal 2 Millionen Einwohner. Silke und André fahren weiter nach Bled, am Meer ist es ihnen zu warm.

George nutzt zur Navigation die App «Calimoto» mit seinem Handy.

Nun, ich bevorzuge lieber ein klassisches Motorrad-Navi wie den Tom Tom Rider.

Beim Losfahren funktioniert auf Georges Handy die App nicht. Das Programm Calimoto (https://calimoto.com/de) ist nicht aufrufbar. Obwohl die Karten aus dem Internet runtergeladen wurden und offline genutzt werden könnten, findet die App diese nicht und bricht ab. Kurz vor einem Wutanfall á la George mit zerschmettertem Handy gelingt es schließlich doch. Ich hatte mich schon darauf eingerichtet, mit meiner Tiger den Rest des Urlaubs vorneweg zu fahren. Dann wären die beschaulichen Sträßchen dahin gewesen.

Der direkte Weg von Postojna nach Piran sind nur knappe 60 Kilometer. George schafft es aber, über kleinste Sträßchen, teilweise single Roads, die Strecke zu verdoppeln. Dabei durchqueren wir kleine Bergdörfer und genießen immer wieder schöne Aussichten.

Wir haben in dem Hafenstädtchen ein Appartement gemietet und erhalten Anweisungen der Agentur für den Schlüsselempfang. In den Ort dürfen mit dem Auto nur die Anlieger reinfahren. Motorräder sind jedoch erlaubt. Wie praktisch.

Wir parken in einer Nebengasse und George läuft für den Check-in ein paar Meter zurück, um die Schlüssel und Wegbeschreibung abzuholen.

Parkplatz der Maschinen in Piran

Das Finden von Primaz Appartements ist allerdings in diesen gepflasterten kleinen Gassen eine Herausforderung. Die Wegbeschreibung in Englisch hilft nicht wirklich bei den entzückenden, aber unüberschaubaren Gässchen und Bögen.

Wir fahren regelrecht wie in einem Labyrinth und im Kreis. Entnervt lasse ich die Maschine stehen und laufe mit dem Tom Tom zu Fuß, bis er fast qualmt. Unsere Location finde ich aber nicht.

George mit seinem guten Orientierungssinn hat es schließlich entdeckt. Ansonsten kann ich dieses

Weg zur Strandpromenade

Gästehaus für Selbstversorger nur empfehlen.
60 Euro pro Nacht, gebucht über Booking.com mit
einwandfreiem Service.

George vor unserem Appartement

Wir parken die Maschinen etwa 50 Meter weit weg an einem kleinen Marktplatz.

Das Appartement bietet beste Ausstattung, alles, was wir brauchen. Kühlschrank, Kochnische, Wohnzimmer mit ausziehbarer Couch und Duschbad. Vor allem der Kaffeeautomat im Eingang beeindruckt mich. Bei diesem Appartement ist die Kaffeemaschine vor der Zimmertür ein Vorteil, solange man Kleingeld besitzt und sich an der Lautstärke des Kaffeegewinnens nicht stört. Wir sind ja schließlich nicht die Einzigen in diesem Haus.

Nur morgens, wenn alle Bewohner sich einen Kaffee ziehen, braucht es keinen Wecker mehr.

Wellenbrecher an der Strandpromenade

Wie immer fasziniert mich das Meer, der Salzgeruch, die schreienden Möwen.

Ich springe gleich ins Meer rein. Herrlich erfrischend und angenehm kühl. Im Anschluss unter die Dusche und sich auf das Abendessen einstimmen. Wir wählen ein Fischrestaurant in einer Seitengasse. Ich bin mir nicht sicher, ob wir es am nächsten Tag wiederfänden.

Die Adresse: **Gostilla Tartine, Zupanoideva 6, 6300 Piran.** Der Besitzer heißt Zokan. Er hat lange in Innsbruck gearbeitet und spricht perfektes Deutsch.

Der Fischmeister beim Filetieren

Bedeutsamen Wert legt er auf seine fangfrischen Fische, die er in einer Babywanne am Tisch präsentiert. Wir wählen ein Exemplar in der passenden Größe für zwei Personen. Die Sorte weiß ich nicht mehr, aber auf jeden Fall eine regionale Fischart.

«Gestern noch im Meer und heute auf dem Tisch. Frischer geht es nicht.»

Für 48 Euro konsumieren wir einen Liter Barita (Eine Komposition aus Rosé-Wein mit natürlichen, feinsten Aromen), Mineralwasser, Vorspeisen (Rindfleisch mit Thunfischsauce und Mozzarella mit Rucola).

Als Hauptspeise der fangfrische Fisch, vom Chef am Tisch filetiert, mit Beilage von knapp gegarten Paprika und Kartoffeln in eigener Kräutersauce.

«Wir machen alles selbst – alles! Auch die Nudeln.»

Nachdem wir uns als Motorradfahrer geoutet haben, zeigt er uns mit stolz geschwellter Brust seine BMW R 1200, die neben den Tischen parkt. Jetzt sprudelt er regelrecht über.

«Ich fahre lieber Motorrad als Auto. Im Auto fühle ich mich unsicher und mir wird schlecht. Und jetzt sind wir so froh über den Tourismus! Letztes Jahr hatten wir hier keine Einnahmen, keine! Wir wären fast verhungert. Ohne Industrie kann man fast nicht überleben in einer Pandemie. Der Staat hat uns nicht geholfen, da ist es in Deutschland viel besser gelaufen.»

Zur Information der damaligen politischen Lage:

Am 4. März 2020 gab es den ersten Infizierten in Slowenien. Am 12. März wurde die Pandemie offiziell ausgerufen. Einen Tag später übernahm die Regierung unter der Leitung des rechts-konservativen Premierministers Janez Janša von seinem Vorgänger Marjan Šarec die Geschäfte. Die neue Staatsmacht demonstrierte hartes Durchgreifen, rief sofort einen Krisenstab ein und ergriff Maßnahmen zur Eindämmung von Covid-19, die das öffentliche Leben im Land drastisch einschränkten.

Alle Kindergärten und Schulen wurden geschlossen und Fernunterricht eingeführt. Bis auf Lebensmittelgeschäfte machte der Einzelhandel dicht, Bars und Restaurants blieben geschlossen. Der öffentliche Verkehr wurde eingestellt, es gab Kontaktbeschränkungen und Personen durften sich – mit geringfügigen Ausnahmen – nur noch innerhalb der Grenzen der Gemeinde, in der sie wohnhaft sind, bewegen.

Quelle: https://www.bpb.de/politik/innenpolitik/coronavirus/322894/slowenien-wachsende-zweifel-an-janez-jansas-coronapolitik

Kurzarbeit gibt es in diesem Land nicht.

«Leider existiert in den Köpfen der Menschen noch der Sozialismus. In vielen Wohnzimmern hängt noch immer das Bild vom Tito.

Das ist nicht zu fassen.» Er schüttelt seinen Kopf und eilt zurück in die Küche.

Dann bringt er am Nachbartisch den nächsten fangfrischen Fisch, unter einem Kilo Salz vergraben.

«Salz ist hier zum Glück billig. Da helfen die Salinen. Für dieses Salz hier müsstet ihr in Deutschland mindestens 10 Euro bezahlen.»

Okaaay?

Er schaufelt die weiße Masse vom Fisch und filetiert ihn wie zuvor bei uns. Sehr geschickt. Wenn ich das so könnte!

Ich lasse mir seine Adresse aufschreiben und verspreche, ihn in meinem Reisebericht auf jeden Fall lobend zu erwähnen. Also, dieser Abend hatte einen super Unterhaltungswert!

Um es schon vorwegzunehmen, die drei Tage in Piran waren für mich die interessantesten Momente auf unserer Tour.

9. Montag, 13.09.2021. In Piran.

Heute sollen es 29 Grad werden und bis Freitag ist gutes Wetter in Aussicht. Deshalb werden wir den heutigen Tag mit dem Besuch des Meeresaquariums angehen. Nachmittags planen wir eine Schiffstour rund um Piran. Das Schiff hat laut Prospekt einen gläsernen Kiel und verspricht beeindruckende Blicke auf die Unterwasserwelt.

Muschelbänke. Gelbe Bojen kennzeichnen der Schifffahrt, wo sie sich befinden.

Wir fahren zu den Muschelbänken. Diese werden betrieben durch das Unternehmen Prosub, d. o. o. Es wurde in 2004 gegründet und geht dem Geschäft von Muschelzucht und –fang entlang der slowenischen Küste nach. Die Muschelzuchtstellen, wo die mediterranen Miesmuscheln gezüchtet werden, befinden sich in drei Zuchtgebieten: im Landschaftspark Strunjan, im Fischereirevier der Piraner Bucht, und am Debeli rtič Kapp.

Einige Gebiete sind vor dem Nordostwind (‹Bora›) geschützt, andere vor dem Südwind (‹Scirocco›), sodass Muschelfang in allen Witterungsverhältnissen möglich ist.

Die Gesamtoberfläche der Muschelbanken misst ca. 13 ha, die Jahresproduktion ist zurzeit etwa 150 Tonnen.

Quelle: http://ribiske-pocitnice.si/de/partner/meeresfischzucht_und_muschelkultur/

Es gibt eine Vielzahl an Techniken für die Muschelzucht im natürlichen Meerwasser: am Meeresboden, auf Tischen, an Holzpfählen, an Seilen usw. Die Muscheln werden dabei in naturbelassenen Gewässern gezüchtet und ernähren sich von den Nährstoffen aus der Umgebung. Wenn sie die gewünschte Größe haben, sammelt man sie ein.

Im Küstengebiet um Piran kleben die Miesmuscheln an Pfählen. Die Bojen zeigen der Schifffahrt ihren Standort.

Hochinteressant das Ganze. Ich liebe Miesmuscheln, am liebsten mit Käse überbacken in Tomatensoße.

Die einstündige Schifffahrt rund um Piran zeigt uns die ganze Schönheit der Küste um den Ort.

Der Skipper legt Zwischenstopps ein, und alle Passagiere wandern eine Treppe tiefer durch den gläsernen Kiel, um die Unterwasserwelt zu bewundern.

Rund um Piran mit dem Schiff

10. Dienstag, 14.09.2021. Pläne der Weiterreise

Wir müssen die Reifen wechseln lassen. Mein Vorderreifen hat nicht mehr viel Profil, bei George sind beide Reifen in der Mitte fast blank. Er würde zwar mit seinem weiterfahren, bis die Karkasse sichtbar wird, aber ich lasse das nicht zu. Also forschen wir im Internet nach einem Reifenhändler bzw. einer Werkstatt für Motorräder. 15 Kilometer nördlich von Bled würde uns als geeignet passen.

Die Verständigung klappt in Deutsch, die gewünschten Reifenmarken und -größen schicken wir per SMS und E-Mail und hoffen, dass die Bestellung klar geht. Das heißt, wir passen unsere Reise *den* Notwendigkeiten an, die wir vor dem Urlaub nicht mehr regeln konnten.

Wir sind jetzt seit einer Woche unterwegs und es wird Zeit, die Rückreise zu planen. Auf keinen Fall mehr über den Vrsic Pass!

Aber zunächst wollen wir die alte Stadtmauer auf dem Berg besichtigen und steigen bergan. Die Aussicht ist phänomenal, das Mittelmeer so blaugrün und glasklar, kaum Wind, keine Wellen. Die Segeljachten dümpeln bei voller Besegelung so vor sich hin.

Der Wanderweg entlang des Strandes ist reizvoll angelegt.

Aussicht auf Piran von der Burg

Drei Kilometer geht es in den nächsten Ort und wir besichtigen die Sonnenanbeter auf den Steinen. Es gibt hier keinen Sandstrand.

Mal was anderes, ein richtiger Blickfang, Olivenbaum in Ape.

Nachmittags springe ich noch mal ins Meer. Das werden wir so schnell nicht mehr bekommen. Es ist herrlich hier, trotz des Tourismus. Aber letzten Endes sind wir ja auch nichts anderes als Touris.

Olivenbaum in ausrangierter Ape

*Gelbes Seepferdchen im
Meeresmuseum*

10. Mittwoch, 15.09.2021, nach Ptuj

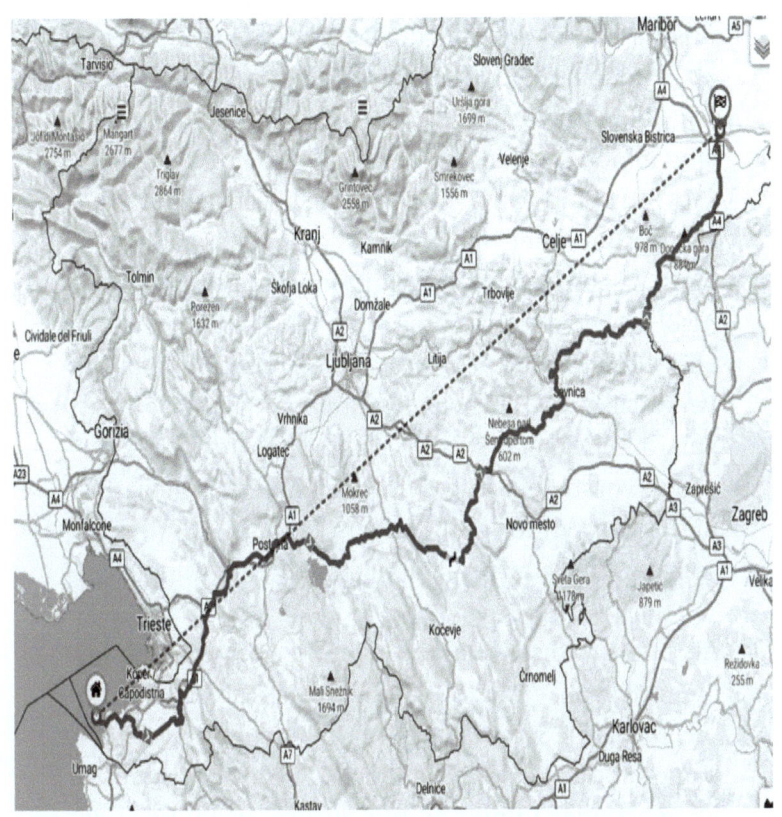

Okay, das mit dem Reifenwechsel klappt in Slowenien nicht. Wir versuchen es erneut in Maribor, aber entweder die Werkstätten antworten auf unsere E-Mail erst gar nicht oder sagen zumindest ab. Die Reifen sind so schnell nicht zu bekommen. Vor allem die für die Husqvarna geeigneten Größen sind in der Kombination nicht lieferbar.

Bis Ptuj sind es 270 Kilometer. George hat die Navigation über das Handy gespeist, das steigt dann wegen Überhitzung mittendrin aus.

Also fahre ich ein Stück vor, bis es sich wieder abgekühlt hat. Die Zuverlässigkeit des Tom Tom im Vergleich mit Handynavigation hat mein vollstes Vertrauen. Manch Straße ist so schmal, dass ich mir kaum vorstellen will, wie die Einheimischen das hier so im Winter gestalten. Es ist mit 29 Grad sehr warm. Wir schwitzen an Baustellen und Ampeln.

Als meine Reservelampe seit 60 Minuten blinkt, biege ich an einer Gabelung rechts ab, weil eine Tankstelle in Sicht ist. George mit seinem 25 Liter-Tank hat da eher die Ruhe weg. Er fährt nach links. Er kehrt aber immer zu mir zurück, wenn wir uns verlieren. Es ist eine sehr kleine Tankstelle. Aus dem petrol Zapfhahn fließt kein bisschen Sprit, also hänge ich ihn wieder ein. Es steht kein Defektschild an der Säule. Muss man hier vorher bezahlen?

Ein Angestellter kommt zu mir und hat ein Tablet in der Hand. Also folgere ich, zunächst Cash. Nein. Er fragt in Englisch, ob ich geimpft bin. Häh? Ich nicke wie wild. Er verlangt, das Dokument zu sehen. Was, jetzt? Beim Tanken Kontrolle über einer Impfung gegen Covid-19? Ich zeige mein Handy mit dem Zertifikat im Cov-Pass.

Den bekam ich von der Apotheke meines Vertrauens im Heimatort.

Immer noch nicht passend. Er scannt den QR-Code und beherrscht das Prozedere nicht.

Ich seufze tief auf. So - endlich hat er das, nickt mir zu und geht weg. Ich schnappe mir den Zapfhahn erneut. Kommt immer noch kein Sprit. Wieder eingehängt und von vorne. Nichts. So, mit Seufzen ist jetzt Schluss.

«Is it possible to fill in now !?» Meine Stimme klingt energisch, glaube ich.

«Oh yes, of course.» Schlauch wieder eingehängt und erneut versucht. Endlich fließt Benzin.

15,3 Liter. Nun, hätte noch ein bisschen gereicht. Aber wie schon erwähnt, blinkende Lampen erzeugen bei mir Nervosität. Es war noch genügend Benzin im Tank.

Als ich zum Bezahlen an der Kasse stehe, geht die Dame in den Nebenraum. Sie kommt erst nach gefühlten drei Minuten zurück.

Die Befürchtung, dass ich für die Kartenzahlung noch meinen Pass vorzeigen muss, erweist sich zum Glück als haltlos. Inzwischen ist George bei mir angekommen.

Wir haben das Casino Hotel mitten in der Stadt gebucht. Ich bin froh, als wir endlich unser Tagesziel erreichen, ich spüre meine Oberarme, Schultern und Hände.

Auf irgendeine Art verkrampfe ich mich auf den winzigen Straßen, aus Angst vor Gegenverkehr und nicht mehr ausweichen zu können.

Für Freitag ist Regen angesagt und für Donnerstag rundherum Gewitter.

Den Reifenwechsel verlegen wir jetzt auf Österreich, Klagenfurt oder in Graz. Aber Graz kann nicht liefern, bis Dienstag ohne Garantie. Das wäre zu spät, wollen wir doch schon weit auf dem Rückweg nach Deutschland sein.

11. Donnerstag, 16.09.2021, in Ptuj

Gegen Nachmittag meldet sich die Werkstatt aus Klagenfurt. Längeres Hin und Her ob der Art und Güte der Reifen, dann bekommen wir die Zusage. Montag oder Dienstag werden die Reifen geliefert. Der Werkstattmitarbeiter will uns *soon as possible* anrufen. Okay, trotz der Regenwahrscheinlichkeit von 80% buchen wir ein Zimmer in Bled, 178 Kilometer von Ptuj entfernt. Noch einen Tag hier verdaddeln ist nicht unser Ding. Von den Gewittern ist bis zum späten Nachmittag nichts zu merken. Obwohl es sich um Sloweniens älteste Stadt handelt, bleibt der Ort für mich reizlos, deshalb keine Bilder an dieser Stelle. George kann der Altstadt mit dem Schloss schon etwas abgewinnen.

Das Beste war, dass ich hier in einem Schuhgeschäft Wanderstiefel von Alpina für 79,99 Euro kaufen konnte. Ich hatte mit 150 Euro mindestens gerechnet. Ein echtes Schnäppchen.

Die Verkäuferin sprach kein Englisch und ich verstand Slowenisch nicht. Zum Glück klärt sich im Euroland das Ganze an der Kassenanzeige.

12. Freitag, 17.09.2021, nach Bled.

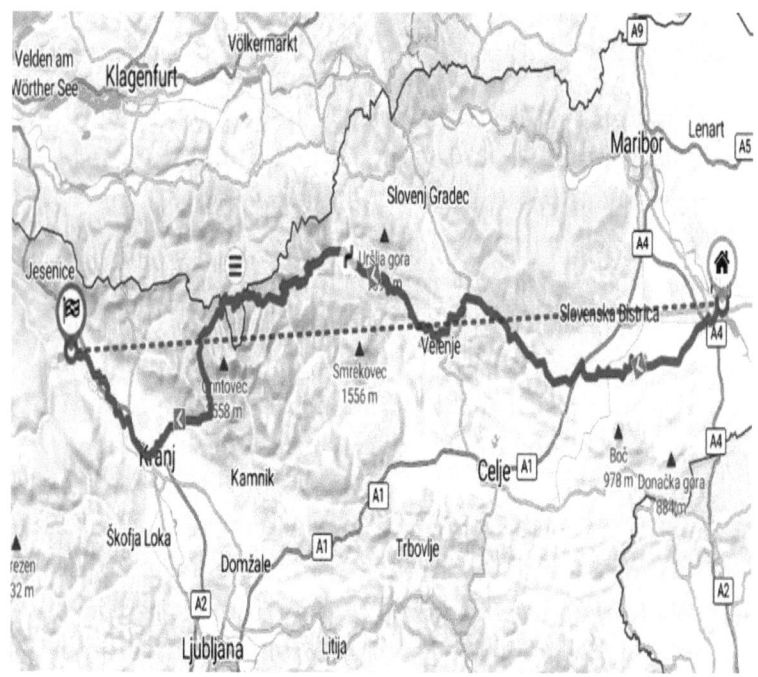

Morgens regnet es, wie versprochen. Wir zögern die Abfahrt hinaus. Um 10:00 Uhr wird es nicht besser, demzufolge die Mopeds beladen und rein in die Regenpelle.

Erst zur Tankstelle, den Ölstand kontrollieren und George läuft schon mehr als auf Reserve. Aber er muss noch nicht schieben.

Das Fahren bei Regen ist immer noch eine bessere Alternative, als im Hotel auf trockenes Wetter zu warten. Außerdem gibt es in Ptuj nichts mehr zu sehen für uns.

Obwohl sich am Himmel ein heller Streifen zeigt, regnet es nahezu ununterbrochen bis 30 Kilometer vor Bled. Zwischendurch schüttet es sogar wie aus Eimern. Meine Regenjacke ist nicht mehr dicht, die Gore Tex Handschuhe kann ich regelrecht auswringen. Bei 16 – 19 Grad Temperaturen im Prinzip kein Problem. Das Navi beschlägt von innen, ich vermag die Anzeige nicht zu lesen. Zum Glück ist es nicht mehr weit, aber jetzt machen mir die ganzen Materialprobleme doch Sorgen.

George darf das Handy nicht an die Ladung schließen, sonst kommt Wasser rein. Zum Glück hält alles, bis wir in Bled eintreffen. Dann geht der Tankrucksack mit Klickverschluss fast nur mit Gewalt ab. Nun ja.

Erst hatten wir kein Glück, dann kam noch Pech hinzu.

Bled ist aber ohne Zweifel ein außergewöhnlicher Ort, auch für den Wintersport.

Hier könnt ihr im Internet die Stadt näher kennenlernen:
https://www.bled.si/de/sehenswertes-und-aktivitaten/sehenswurdigkeiten-/

Bleder See

Bled liegt am Blejsko Jezero See, der aus Gletscher-wasser gespeist wird, wenige Kilometer südlich der österreichischen Grenze und rund 50 Kilometer nordwestlich der Hauptstadt Ljubljana (Laibach). Der auf einer Höhe von etwa 500 m. i. J. gelegene Ort Bled ist Luftkurort, hatte 8192 Einwohner am 1. Januar 2014 und liegt am Fuße der julischen Alpen im Nationalpark Triglav.

Regional bekannt sind die Bleder Cremeschnitten, die ich unbedingt probieren will.

Kremsnitta, schwierig zu essen

Am besten, man arbeitet die Schichten von Sahne-vanillepudding, Mürbeteigdeckel und Sandkuchen-boden einzeln ab, sonst gibt es Matsche auf dem Teller.

Wir wandern von unserer Pension TTT in den Ort und gelangen nach 20 Minuten zum See.

Burg in Bled

Die Übernachtung im Doppelzimmer kostet 80 Euro pro Nacht und es gibt ein Carport für Motorräder. Hier hat es heftig geregnet, aber jetzt strahlt die Sonne vom Himmel. Die Berge sind voller tief hängender Wolken und es weht ein erfrischender Wind.

Nach dem Essen in einem einfachen Restaurant wandern wir zur Pension zurück und fallen todmüde ins Bett.

Es war eine gute Idee, trotz Regen loszufahren, aber es ist auch schön, nach 178 Kilometern die nassen Klamotten ausziehen zu können.

Blick auf die Insel im Bleder See

13. Samstag, 18.09.2021, Bled und das Drumherum.

Ich auf dem Wanderweg in der Klamm

Meine Handschuhe brauchen bestimmt drei Tage, bis sie wieder trocken sind. Der Tom Tom scheint trotz Nässeeinbruch noch zu funktionieren.

Das Frühstück in der Pension wird liebevoll und reichhaltig serviert.

Wir wollen heute die Vintgar-Klamm erkunden. Meine neuen Wanderschuhe vom Typ Waldbrandaustreter werden ausprobiert und eingelaufen.

Um zur Klamm zu gelangen, sind 4,5 Kilometer von Bled zum Ort Sporne Gore zu bewältigen.

Die Motorräder nutzen wir nicht, da die Klamm nur in einer Richtung zu begehen ist. Das wäre ein großer Bogen zurück. So weit schaffe ich es zu Fuß nicht.

Also begeben wir uns zur Tourist-Info am See. Dort wird uns ein Taxi empfohlen, weil der Bus erst in zwei Stunden fährt. Von der Klamm aus kann man mit 5,8 Kilometern Wanderweg wieder Bled Zentrum erreichen.

Für 15 Euro gelangen wir so direkt zum Eingang der Klamm. Der Eintritt beträgt satte 10 Euro pro Person. Der Weg beginnt am Haupteingang. Wenn ihr links abbiegt, wandert ihr zum Wasserfall.

200 steile Stufen führen nach Blejska Dobrava.

Ein Teil des Wanderweges führt über die Steilwände der Schlucht. Wir haben uns das erspart, obwohl das ein spannender Parcours geworden wäre.

Die Klamm wurde 1891 vom Bürgermeister von Gorjanci Jakob Žumer und dem Kartografen und Fotografen Benedikt Lergetporer entdeckt.

Sie war in ihrer natürlichen Form unzugänglich und konnte nicht durchquert werden. Da aber Bled schon damals touristisch erschlossen war, wurden 1893 mehr als 500 Meter Brücken und Galerien gebaut und die Klamm so für die Öffentlichkeit zugänglich gemacht.

Bei den Wasserfällen

Im exponiertesten Teil wurden die Balkone nach ihrem Entdecker Žumrove galerije genannt. Eine Gedenkplatte in der dortigen Wand erinnert an den Begründer.

Die Klamm ist an der tiefsten Stelle 250 Meter tief.

Am Schlucht-Ende, am Wasserfall Sum, biegt man nach rechts ab und gelangt zur Kirche Sveti Katarina, 1,2 Kilometer durch den Wald mit leichtem Anstieg. Hier hat man eine prachtvolle Aussicht auf die Umgebung von Bled.

Quelle: https://www.bled.si/de/sehenswertes-und-aktivitaten/sehenswurdigkeiten-/

Eine Klamm ist ein im Festgestein eingeschnittenes, schmales Tal. Die Form der Klamm tritt vor allem im österreichischen und bayrischen Sprachraum auf und bezeichnet eine besonders enge Schlucht im Gebirge mit teilweise überhängenden Felswänden.

Durch die Überhänge ist die Breite des Tals in der Höhe teilweise geringer als vom Fluss oder Bach ausgefüllten Talgrund.

Quelle: Wikipedia; https://de.wikipedia.org/wiki/ Klamm

Eine bedeutende touristische Sehenswürdigkeit.

Quelle: https://www.bled.si/de/sehenswertes-nd-aktivitaten/sehenswurdigkeiten-/6/vintgarklamm

Der Beschilderung folgend geht man Richtung Center. Der Weg ist ehrlich gesagt weit genug zu laufen.

Ich merke meine brennenden Füße in den neuen Wanderschuhen. Wir kehren zur Pension zurück und ruhen uns aus. Das Erklimmen der Burg sparen wir uns für morgen auf.

Die Klamm solltet ihr auf jeden Fall durchwandern, das lohnt sich!

Die Werkstatt in Klagenfurt hat sich nicht gemeldet, wir verlängern unseren Aufenthalt in Bled bis Montagmorgen.

Insel im Bleder See

Der Reifenwechsel sollte aber spätestens am Mittwochmorgen gelingen, sonst brauchen wir die nicht mehr und fahren mit den alten Schluffen nach Hause.

Na, wenn wir nächstes Jahr in den Ruhestand treten, haben wir das Problem von Zeitmangel jedenfalls nicht mehr.

Leider gelingt es nicht, den Sender Servus TV auf meinem Laptop zu streamen. Hier sind die Rechte eingeschränkt.

Wahrscheinlich zahlt Slowenien nicht dafür. George hätte zu gern Moto GP geschaut.

Wasserfälle in der Klamm

Aufstieg zur Burg.

14. Sonntag, 19.09.2021, in Bled zur Burg

George hat seinen Impfausweis vergessen, und so wird es nichts mit der Burgbesichtigung. Alleine möchte ich nicht rein.

So werde ich die gesparten 13 Euro Eintritt anderweitig einsetzen. Zum Beispiel beim Klamottenkauf.

Petunienpracht im Ort

Der Weg zur Burg hinauf ist in 30 Minuten für Langsamgeher zu erreichen.

Die Aussicht auf den See und die Insel entschädigen für die Anstrengung. Der ca. 2,1 km lange und bis zu 1,4 km breite See ist an der tiefsten Stelle 30 Meter tief und bietet für den Wassersport viele Möglichkeiten.

Das Wetter sieht reichlich durchwachsen aus, der Himmel ist bedeckt, am Spätnachmittag fallen die ersten Tropfen und in der Nacht setzt ein Dauerregen ein.

Montag, 20.09.2021, nach Klagenfurt

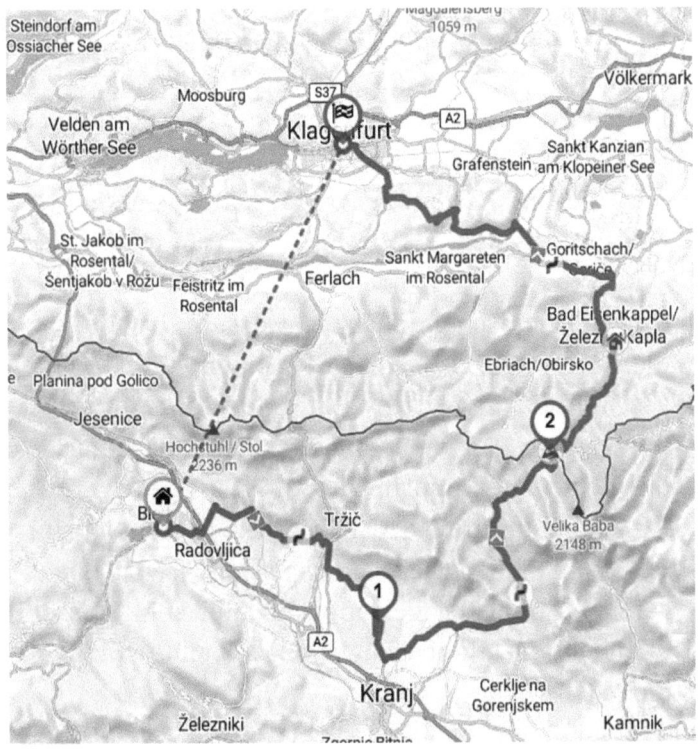

«Das Wetter wird besser», tröstet unsere Pensionswirtin beim Bezahlen.

Will ich mal glauben. Als wir losfahren, sind es frische 13 Grad, nach 30 Minuten setzt Nieselregen ein und die Temperatur sinkt auf 11 Grad.

Na, super! Mein Tom Tom beschlägt noch mehr und spielt in der Anzeige komplett verrückt. Ich glaube, der ist wegen der Dichtung am Display hinüber.

Jetzt darf mit Georges Handynavigation aber nichts schiefgehen.

Wir fahren über den Seebergsattel (1210 Meter) nach Österreich. Hoffentlich hängen die Wolken nicht bis auf 1200 Meter. Ich schalte das erste Mal die Heizgriffe ein.

Um die Handschuhe nicht zu wässern, hat George die Manschetten meiner Regenpelle 5 cm eingeschnitten, damit ich die Stulpen in der Jacke unterkriege. Noch mal kaufe ich keine Regenjacke, die nicht weite Bündchen hat.

Ich kann mir euren kritischen Blick vorstellen beim Lesen. Eine Regenjacke *einschneiden??* Ja, das klingt verrückt. Hat aber geklappt. Es läuft kein Wasser mehr in die Handschuhe, alles bleibt trotzdem dicht.

Die Strecke führt uns zunächst Richtung Kranj, dann über die 210 Richtung Österreich. Eine bezaubernde Tour, kleine Straßen, nur fürchterlich nass. Bei trockenem Wetter muss das ein Highlight sein.

Das Restaurant auf der Sattelhöhe hat leider geschlossen. Also fahren wir Richtung Bad Eisenkappel auf der 82 weiter.

Kurz vor Sittersdorf wechseln wir nach links auf die 85, überqueren den Fluss Drau und fahren ins Zentrum von Klagenfurt, in das Hotel Geyer in der Altstadt, Pristerhausgasse 5.
Hier zeigt sich Unterkunft und Kunst unter einem Dach.
Es imponiert an der Hausfassade durch das riesige Porträt von Ingeborg Bachmann:

Ingeborg Bachmann

»Liebe ist ein Kunstwerk», eine berühmte österreichische Schriftstellerin und Lyrikerin, die in Klagenfurt geboren war.

Zeitweise schrieb sie auch unter dem Pseudonym *Ruth Keller* für die Westdeutsche Allgemeine Zeitung. Sie lebte von 1926 bis 1973. Ihr zu Ehren wird seit 1977 jährlich der Ingeborg-Bachmann-Literaturpreis verliehen.

Die Landeshauptstadt des südlichsten Bundeslandes Österreichs liegt am östlichen Ufer des Wörthersees. Klagenfurts Innenstadt ist geprägt von mediterraner Kultur und Bauten.

Die 800 Jahre alte Altstadt ist absolut sehenswert und lockt mit ihren Renaissancebauten und malerischen Innenhöfen viele Besucher an. Rund um den «Alten Platz» gibt es einiges zu entdecken: Zum Beispiel das leuchtend gelbe Rathaus aus dem 17. Jahrhundert oder die Bauten aus der Zeit des Barocks. Die Altstadt ist fußläufig in 5 Minuten zu erreichen. Die Sonne scheint und wir essen im besagten Rathaus zu Mittag, nicht ohne Vorzeigen des Impfausweises.

Anschließend schlendern wir durch die Altstadt und den Park.

Unsere Reifen sind noch immer nicht angekommen. Wir reinigen vorsichtshalber die Maschinen in einer Waschbox, damit sich die Mechaniker nicht die Hände zu sehr dreckig machen.

15. Dienstag, 21.09.2021, nach Hause über Bayern

So, ob mit oder ohne neue Bereifung, heute brechen wir Richtung Hessen auf. Gerade, als wir die Packrollen festzurren, klingelt mein Telefon. Die Reifen sind da!

Also Planänderung und zu Werkstatt fahren. Nach einer Stunde stellt sich dann heraus, es wurden für George die falsche Reifengröße geliefert.

Statt einem 18 Zoll Reifen wurde ein 17 Zoll geliefert. Mein Hinterrad ist schon ausgebaut, der Reifen noch nicht abgezogen, aber wir verzichten dann doch. Mensch, kann man so Pech haben?

Unverrichteter Dinge fahren wir ab. Nie wieder losfahren, ohne vorher an fällige neue Reifen zu denken. Das war mir eine Lehre!

Wir haben eine Zwischenübernachtung in Trostberg, in Südostoberbayern, eingeplant.

Zwei Stunden vor Ankunft parken wir ein einer Parkbucht und suchen wir über Booking.com eine Unterkunft.

Da stoppt hinter uns ein Linienbus und der Fahrer springt raus.

Mein erster Gedanke ist folgerichtig, jetzt gibt es Mecker, weil wir an einer Bushaltestelle stehen. Dem ist aber nicht so. Der Busfahrer fragt uns, ob er behilflich sein kann und wo wir denn hin wollen. Na so was!

«Wir suchen ein Hotel in Trostberg», sage ich.

«Ach, da wird es sicher einiges geben. Das ist ein schöner Ort. In der Innenstadt gibt es das Gasthaus Pfaubräu. Versucht es da mal! Wo kommt ihr denn her?»

Kurzes Geplänkel über Reiseziele und Motorradfahren.

Anscheinend hat er Zeit für einen Zwischenstopp.

Das hat uns imponiert, diese Hilfsbereitschaft.

Wir landen dann schließlich im besagten Hotel, essen und trinken, hausgemachtes Bier, zünftig und bayrisch zu Abend, nehmen Abschied von der Tour, morgen geht es nach Hause.

Nachsatz: Die Reifen haben gehalten! Der Tom Tom ist trotz langer Trocknungszeiten kaputt. Ich habe einen Neuen gekauft.

16. Nachwort

Hat euch mein Bericht gefallen? Dann freue ich mich über Rückmeldungen per E-Mail
kontakt@margitta-bieker.de

Oder Facebook:
https://www.facebook.com/marbiestoner

Oder über meine Website:
www.margitta-bieker.de

In 2022 treten George und ich in den Ruhestand. Endlich Reisen ohne Zeitdruck und hoffentlich ohne Einschränkungen durch Covid-19. In Planung sind die Türkei und die Balkanländer von Mai bis Juni.

Die Linke zum Gruß-
Marbie Stoner

17. Anhang: weitere Veröffentlichungen

Alle Bücher sind als Print und Ebook im Buchhandel und online bei www.twentysix.de bestellbar.

Geht das? In zwölf Tagen mit 3.530 gefahrenen Kilometern einige von Amerikas atemberaubenden Canyons sehen, einige für mich Wichtige, wie den Antelope Canyon im nördlichen Arizona, mit 700er, 800er BMW GS und Triumph Tiger XCx 800. Und zwar auf nicht auf Harleys, sondern abseits der normalen Pfade mit 70% Schotterstrecken auf Dirt Roads.

Das verspricht der Veranstalter John Hax, Eigentümer von 106 Grad West Motocycle Adventure. Mit dabei: Bryn Davies, Redakteur von Adventure Bike Rider, dem britischen Magazin für Abenteuermotorradtouren. Und als Tailguide Benjamin York.

Unerwartete Schneeeinbrüche und Blizzards, Schlammpisten und Straßenüberflutungen ließen das Abenteuer spannender als erwartet werden und haben bei uns eine neue Sucht ausgelöst: USA und seine Canyons.

Marbie Stoner

106° West - durch Colorado,
Utah, Arizona mit Motorrädern

Abenteuer garantiert

Wo ist das – Kirgistan?

Es liegt in Zentralasien an der chinesischen Grenze und ist umgeben von den anderen 'Stans': Usbekistan, Tadschikistan und Kasachstan. Die Silbe 'Stan' bedeutet 'Land'.

Warum nach Kirgistan? Die Begegnung mit einer fremden Kultur und Übernachtungen in Jurten waren ein unvergessliches Erlebnis. Das Gebirgs- und Gletscherland bot uns atemberaubende Aussichten. Der höchste Berg ist der Dschengisch Tschokuso mit 7439 Metern. Der größte Walnusswald der Welt ist hier beheimatet und der Issyk Kul ist der größte Hochgebirgssee der Erde! Kirgisien ist ein Rohdiamant, dessen Schönheit sich erst auf den zweiten Blick offenbart und ein Land, das mit Reichtümern nicht gesegnet ist.

Es braucht den Tourismus, und die Kirgisen bewirken alles, dass ihre Gäste sicher und erstklassig aufgehoben sind. Atemberaubende, schroffe Landschaften und die freundlichen und zugewandten Menschen ließen die Reise auf Yamaha Xts 600 und dem Schweizer Anbieter „MuzToo" (inzwischen pleite wegen Corona) zu einem unvergesslichen Abenteuer abseits der gewohnten Touristenhochburgen in Europa werden, und entschädigten für staubige Schotterstrecken mit ihren Unwägbarkeiten.

Marbie Stoner

Kirgistan mit dem Motorrad

Abenteuer mit MuzToo

Motorradfahren ist gefährlich. Das ist unbestreitbar, genauso wie Rauchen, Fallschirmspringen, Hornbach Projekte, im Extremfall sogar Hausarbeit. Im Laufe von zwanzig Jahren auf dem Motorrad haben sich diverse Erfahrungen auf meinem Erinnerungstacho angesammelt. Skurriles, Komisches, Tragisches und Entbehrliches.

In 2012 begeisterte uns Rumänien durch die Freundlichkeit, die Aufbruchsstimmung im Land und die Fähigkeit der Rumänen, trotz des schweren Alltags mit einem Lächeln in die Welt zu sehen. Besonders beeindruckend: die LKW-Fahrer. Die bremsen nicht, die hupen!

Krad Katastrophen
Peinliches, Tragisches, Komisches

Marbie Stoner

Unsere Balkansucht begann hier. Länder für Aktivurlauber und El Dorado an Kurven. Im Zeichen der Flüchtlingskrise. Bulgarien bietet Bilder voller Gegensätze: Pferdekarren im dichten Stadtverkehr, Rinder, Schafe am Straßenrand, Prini- und Rilagebirge und die sanften Hügel der Rhodopen im Süden.

In 2019 die letzte unbeschwerte Tour vor Covid-19. Quer durch Frankreichs Provinzen über die Pyrenäen zum Picos de Europa mit dem Motorrad? Unbedingt! Nordspanien ist das etwas

andere Spanien. Hier locken die hohen Berge mit winzigen kurvenreichen Straßen, wilde Küsten mit schroffen Klippen, grüne Landschaften und außergewöhnliche Städte.

Meine Kurzgeschichtensammlung über die Tragiken des Alltags, über die man lieber nicht spricht, aber gerne liest und sich freut, dass es einen nicht selbst getroffen hat.

Die Idee zu: „Assistentin des Sisyphus" wurde hier geboren. Stellen Sie sich vor, Ihr Ehemann öffnet Ihnen die Türe, hat ein Messer im Bauch und riecht nach E605.

„Das Abwasser läuft in die Wand!", sagt er.

Madeira ist nichts für Anfänger!

Stellenweise Gefälle bis zu 40 %, Kurven, Kurven und nochmals Kurven. Steile Auf- und Abfahrten auf engsten Straßen. Nur bei Amazon als Ebook und Kindle unlimited.

In 2012 begeisterte uns Rumänien durch die Freundlichkeit, die Aufbruchsstimmung im Land und die Fähigkeit der Rumänen, trotz des schweren Alltags mit einem Lächeln in die Welt zu sehen. Besonders beeindruckend: die LKW-Fahrer. Die bremsen nicht, die hupen!

Marokko muss man erlebt haben! Reisebericht „Marokko mit dem Motorrad", auf eigene Faust in einer Kleingruppe. Etappen der Extreme: Berge, Pässe, Wüste und Küste in drei Wochen. Ohne Garmin und mit unzuverlässigen Landkarten.

Marbie Stoner

Marokko mit dem Motorrad

Eine Reise für
Unerschrockene

Katharina, Einzelgängerin, 29 Jahre und Motorradfahrerin, ist Krankenschwester mit einer - sagen wir – speziellen Persönlichkeit in ungewöhnlicher seelischer Landschaft.

In emotionaler Abhängigkeit steht sie unter dem Einfluss ihrer lesbischen Schwester Florentine, einer Staatsanwältin am Frankfurter Amtsgericht. Bei einer Tour in den Schweizer Bergen begegnet sie dem Mythos Sisyphus und lernt seine Deutung des Steineschiebens in einem Menschenleben kennen: Menschen dürfen durch die moderne Medizin nicht von ihrem Fels getrennt werden. Fortan bestimmt der Mythos ihr Denken und Handeln mit dem Ziel, Schwerstkranken durch aktive Sterbehilfe wieder zu ihrem Stein zu verhelfen.

Unvermittelt sterben Menschen in Katharinas Umfeld. Ihr Vater – verwahrlost im Finalzustand seiner Alkoholkrankheit – soll im Pflegeheim zum Ableben untergebracht werden. In dieser Situation lernt sie Christoph kennen. Auch er muss eine schwierige Entscheidung treffen. Seit einem Motorradunfall liegt seine Frau in einem Pflegeheim im Wachkoma. Er will, dass die lebensverlängernden Maßnahmen eingestellt werden, trifft allerdings auf massiven Widerstand in der Pflegeeinrichtung.

Bestellbar im (online) Buchhandel unter der ISBN:
9783740730536.
Nach der Lektüre denken Sie über eine Patientenverfügung nach. Garantiert.

Abseits der üblichen Pfade über Militärstraßen und Schotterstrecken. Eine viertägige Tour mit dem Enduropark Hechlingen im September 2015. Nur als Ebook bei Amazon.